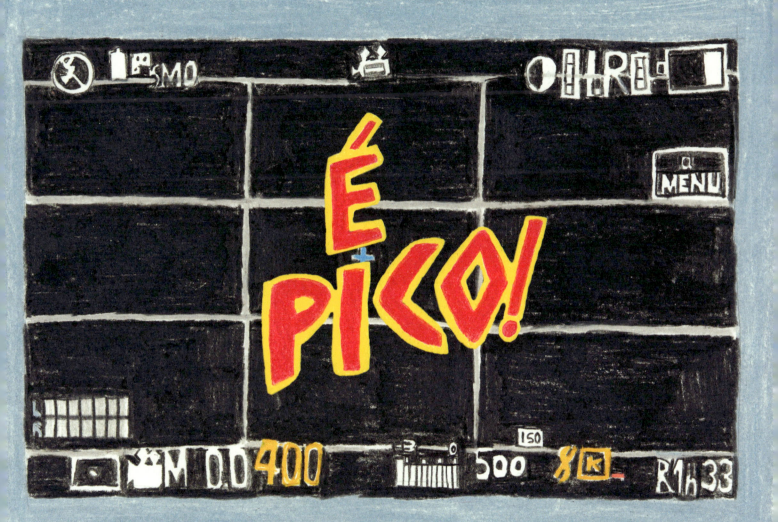

Murilo Romão e Mariana Zanetti

baião

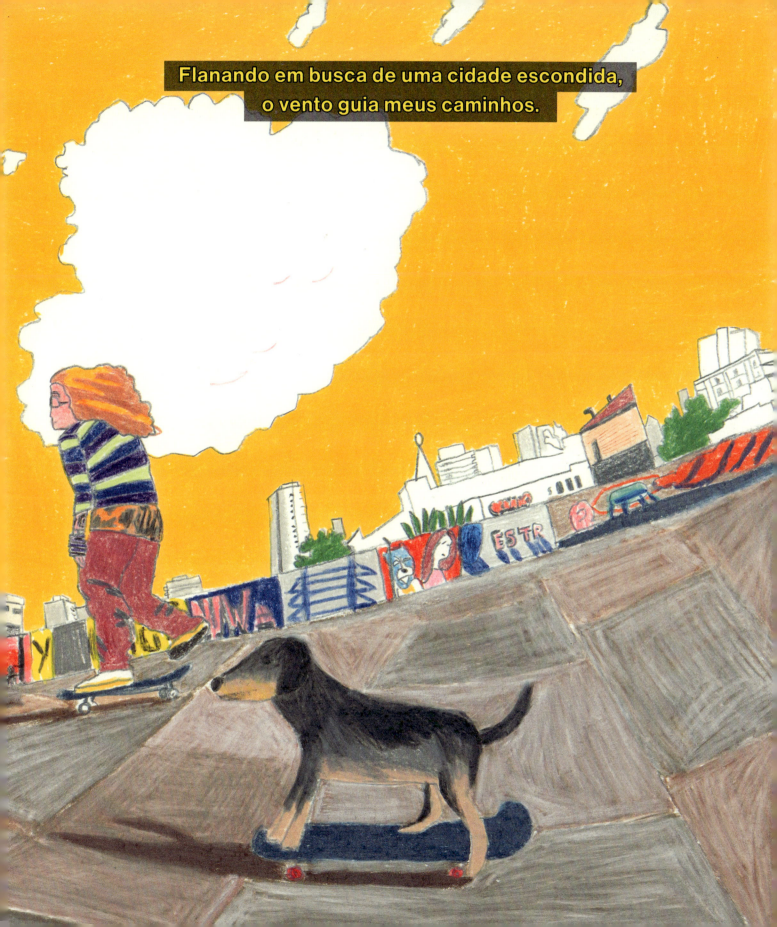

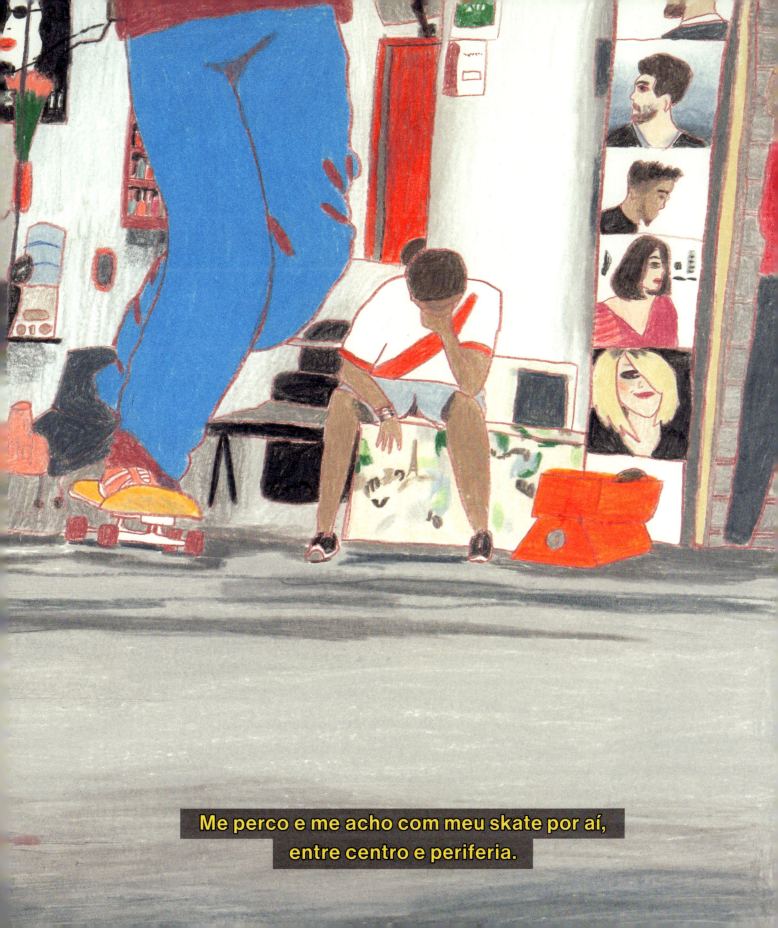

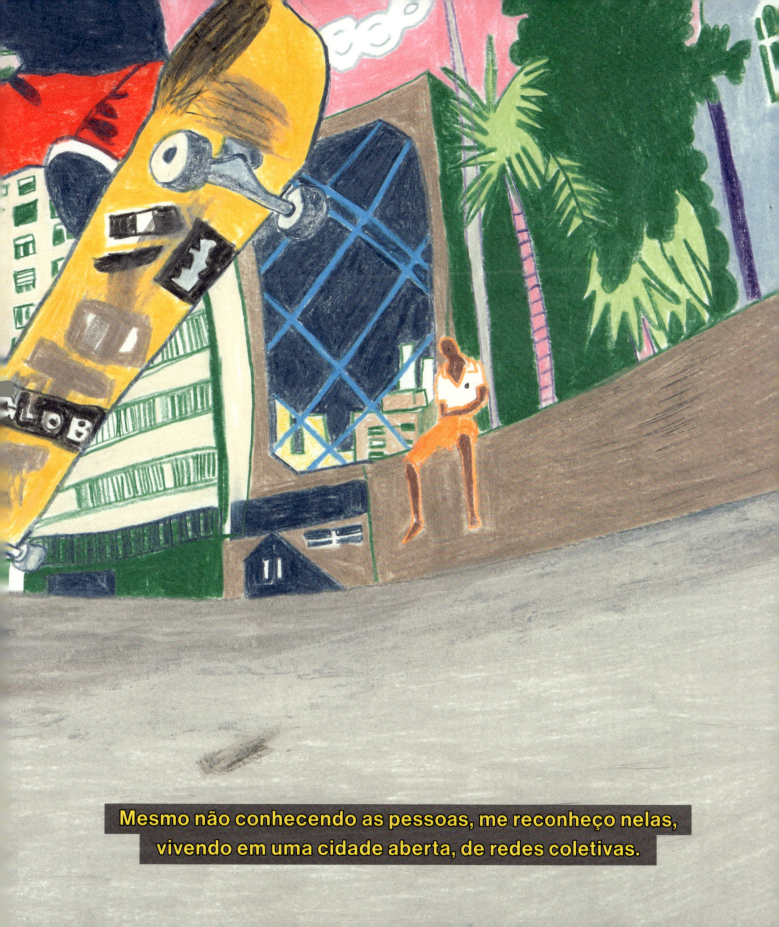

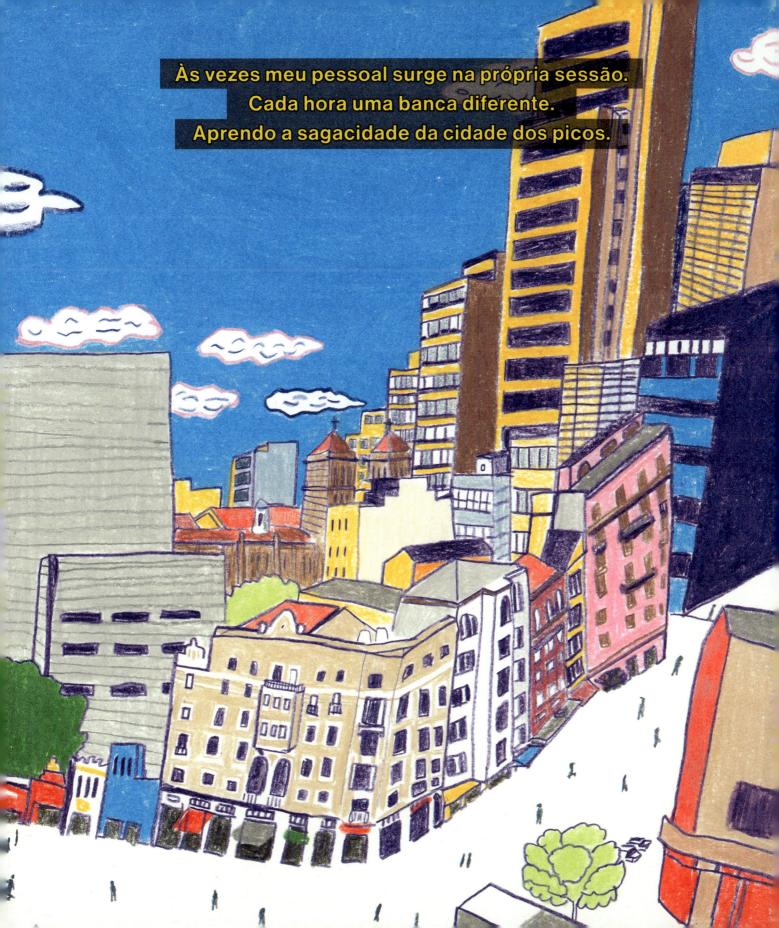

A cada manobra um rastro, arquivando a cidade com câmeras e impulsos, circulando e guardando memórias desse labirinto que é o urbano.

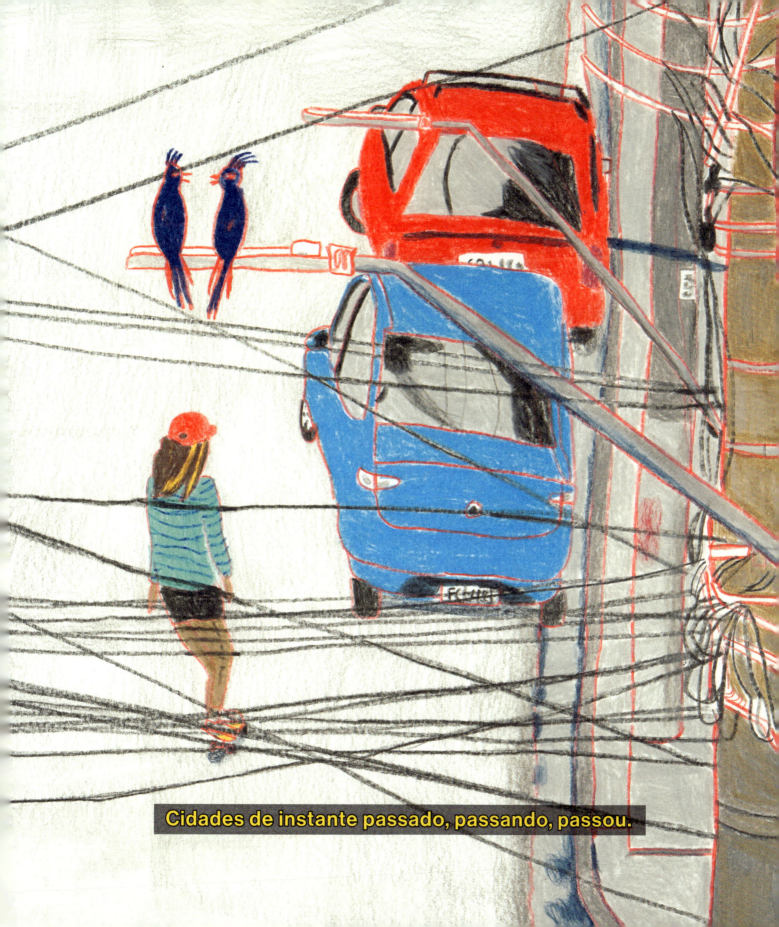

**Murilo Romão** nasceu na avenida Paulista e cresceu na Vila Palmeiras, entre as zonas Norte e Oeste de São Paulo. Aos onze anos subiu no seu primeiro skate. Desde então, nunca mais parou. Skatista de profissão e de alma, ele segue flanando pela cidade, atento às suas transformações. Estudou rádio e TV na Faculdade Belas Artes e fundou o coletivo audiovisual Flanantes.

**Mariana Zanetti** também nasceu na Paulista, mas cresceu em Santo Amaro, zona Sul. O centro da cidade era um destino raro até ficar adulta, quando se mudou para lá. Nunca subiu em um skate na vida, mas, em comum com os skatistas, tem a vontade de explorar a cidade, só que sem rodas. É formada em arquitetura e urbanismo pela Universidade de São Paulo e adora desenhar.

© texto, Murilo Romão, 2025
© imagens, Mariana Zanetti, 2025

Todos os direitos desta edição reservados à Todavia.

Grafia atualizada segundo o Acordo Ortográfico da Língua Portuguesa de 1990, que entrou em vigor no Brasil em 2009.

edição — Mell Brites
assistência editorial — Laís Varizi
revisão — Karina Okamoto, Tomoe Moroizumi
produção gráfica — Aline Valli
projeto gráfico — Nathalia Navarro
reprodução e tratamento das imagens — Ipsis Gráfica

Dados internacionais de Catalogação na Publicação (CIP)

Romão, Murilo (1989-)
 É pico! / Murilo Romão, Mariana Zanetti. — 1. ed. —
São Paulo : Baião, 2025.

 ISBN 978-65-85773-92-8

 1. Skate. 2. Espaço urbano. 3. Esportes. 4. Literatura infantil. I. Zanetti, Mariana. II. Título.

CDD 028.5

Índice para catálogo sistemático:
1. Literatura infantil 028.5

Bruna Heller — Bibliotecária — CRB-10/2348

**baião**

Rua Fidalga, 826
05432.000 São Paulo SP
t. 55 11 3094 0500
www.baiaolivros.com.br

fontes — Neue Haas Grotesk
papel — Offset 150 g/m²
impressão — Gráfica Ipsis